BEI GRIN MACHT SICH IHR WISSEN BEZAHLT

- Wir veröffentlichen Ihre Hausarbeit,
  Bachelor- und Masterarbeit

- Ihr eigenes eBook und Buch -
  weltweit in allen wichtigen Shops

- Verdienen Sie an jedem Verkauf

Jetzt bei www.GRIN.com hochladen und kostenlos publizieren

Sten Hoffmann

Der Italienfeldzug Napoléon Bonapartes 1796/1797 und dessen Auswirkungen in Italien

GRIN Verlag

Bibliografische Information der Deutschen Nationalbibliothek:

Die Deutsche Bibliothek verzeichnet diese Publikation in der Deutschen National-
bibliografie; detaillierte bibliografische Daten sind im Internet über http://dnb.d-
nb.de/ abrufbar.

Impressum:

Copyright © 2010 GRIN Verlag GmbH
Druck und Bindung: Books on Demand GmbH, Norderstedt Germany
ISBN: 978-3-656-54807-2

Dieses Buch bei GRIN:

http://www.grin.com/de/e-book/265203/der-italienfeldzug-napoleon-bonapartes-
1796-1797-und-dessen-auswirkungen

GRIN - Your knowledge has value

Der GRIN Verlag publiziert seit 1998 wissenschaftliche Arbeiten von Studenten, Hochschullehrern und anderen Akademikern als eBook und gedrucktes Buch. Die Verlagswebsite www.grin.com ist die ideale Plattform zur Veröffentlichung von Hausarbeiten, Abschlussarbeiten, wissenschaftlichen Aufsätzen, Dissertationen und Fachbüchern.

Schule: Gymnasium Ernestinum

Schuljahr: 2009/2010
Fach: Seminarfach/Italien

Der Italienfeldzug Napoléon Bonapartes 1796/1797 und dessen Auswirkungen in Italien

von

Sten Hoffmann

Inhaltsverzeichnis

I. Napoleon: Vaterlandsverräter oder französischer Patriot?

Der berühmteste Franzose aller Zeiten, war in Wirklichkeit gar kein wahrer Franzose.

Dies mag paradox klingen, doch **Napoléon Bonaparte** wurde auf der Mittelmeerinsel Korsika geboren, welche noch ein Jahr vor seiner Geburt zu Italien gehörte. Allerdings wurde Korsika im Jahr 1768 von Frankreich unter der absolutistischen Herrschaft Ludwigs XV. aufgekauft und unter den Besitz der französischen Krone eingeschlossen. Napoléon Bonaparte wurde unter dem Namen Napoleone Buonaparte geboren, welcher ohne großen Zweifel italienischen Ursprunges ist. In seinem Herzen war Napoléon Korse und fühlte sich keineswegs französisch. In seiner Jugend verabscheute er Frankreich sogar. Nicht selten träumte er von einem freien eigenständigen Korsika. Doch dieser Traum sollte einfach nicht wahr werden, trotz all seiner Bemühungen und Putschversuchen gegenüber Frankreich.

All diese Tatsachen lassen es umso unverständlicher erscheinen, dass Napoléon Bonaparte **als Kaiser Frankreichs** beinahe ganz Europa regierte und trotz seiner italienischen Wurzeln und Herkunft als französischer Patriot gegen sein wahres **Vaterland Italien** 1796 in den Krieg zog.

II. Biographie des Napoléon Bonapartes bis zum März 1796:

Napoléon Bonaparte wurde am 15. August 1769 im korsischen und zugleich französischen Ajaccio geboren. Die Familie Napoleons gehörte dem korsischen Kleinadel an und war seit dem frühen 16. Jahrhundert auf der Insel Korsika präsent. Als Kind erlebte er die Unterdrückung der Korsen durch den französischen Absolutismus. Seine Muttersprache war italienisch. Aus diesem Grund musste er mit neun Jahren, als sein Vater ihn 1778 aufs Festland nach Frankreich schickte, die französische Sprache erst einigermaßen lernen. 1779 wurde er von der königlichen Militärschule von Brienne aufgenommen, wo er aber nur bis 1784 blieb, da er anschließend auf die École Militaire in Paris wechselte. Unter seinen aristokratischen Mitschülern wurde der mittellose Napoléon Bonaparte aufgrund seiner Herkunft nicht ernst genommen und galt als Außenseiter. Zudem wurde er zu seiner Enttäuschung zunächst nur Secondeleutnant im Artillerieregiment.

Trotz seines Dienstes in der französischen Armee erhoffte sich Napoléon von der französischen Revolution, die im Juni 1789 ausbrach, die Unabhängigkeit seiner Heimat Korsika. Zudem vertrat er sehr republikanische Ansichten und tat sich als Anhänger des Jakobiners Robespierres hervor. Im Laufe der Revolution wurde er sogar am 1. Juni 1791 zum Premierleutnant befördert. Am 10. Juli 1792 wurde er Hauptmann. Napoleon versuchte einen korsischen Aufstand gegen die Herrschaft der Franzosen anzuzetteln, doch es gelang ihm nicht. Nach dem Scheitern seiner korsischen Pläne „mutierte" er zum französischen Patrioten und änderte seinen italienischen Namen in den französischen **Napoléon Bonaparte**. Im Mai 1795 ging er nach Paris. Dort schlug er am 5. Oktober 1795 im Auftrag von Paul de Barras, dem Präsidenten des Nationalkonvents, einen royalistischen Aufstand gegen die neue Direktorialverfassung nieder. Woraufhin er zum Divisionsgeneral und kurze Zeit später zum Oberbefehlshaber der Armee im Inneren ernannt wurde. Napoléon lernte Joséphine kennen, eine Witwe und ehemalige Geliebte von Paul de Barras. Napoleon begriff, dass er in diesem Fall die Liebe mit dem politischen Nutzen verknüpfen konnte, denn Joséphine verfügte über ausgezeichnete Beziehungen zu einflussreichen Leuten. Am 9. März 1796 fand die Ziviltrauung des Paares statt.

Sieben Tage vor der Zeremonie erhielt Napoleon den Oberbefehl der Italienarmee.

Am 11. März nur zwei Tage nach seiner Hochzeit reiste er an die Front nach Italien!

III. Der Italienfeldzug des Generals Napoléon Bonaparte in den Jahren 1796-1797

Der Italienfeldzug Napoleons fand in den Jahren 1796 und 1797 innerhalb des ersten Koalitionskrieges statt. Am 2. März erhielt General Napoleon vom französischen Direktorium den Oberbefehl über die Italienarmee. Die Italienarmee umfasste eine Truppenstärke von ca. 41.000 Soldaten. Nach seiner Hochzeit mit Josephine reiste er an die Front nach Italien und begann umgehend mit den Kriegsvorbereitungen gegen die österreichische Italienarmee und seinen Verbündeten aus dem Königreich Sardinien-Piemont. Napoleons Armee war sowohl an Truppenstärke, an Ausrüstung als auch an Erfahrung den Österreichern unterlegen. Doch um den Nachteil hinsichtlich der Truppenstärke zunichte zu machen, entwarf er den Plan, die beiden verbündeten Heere voneinander zu trennen, um jedes einzeln anzugreifen. Am 12.April 1796 kam es zur ersten Schlacht bei Montenotte zwischen den Franzosen und Österreichern. Napoleons Plan ging auf. Er trennte beide Truppen von einander durch geschickte Manöver seiner Armee und kämpfte so gegen jedes Heer einzeln. Nun ging alles sehr schnell, denn Napoleon gewann zuerst gegen das österreichische Heer und anschließend am 13. und 14.April 1796 gegen das sardisch-piemontsche Heer bei Millesimo. Noch am selben Tag siegte Napoleon bei Dego erneut gegen ein sardisch-piemontsches Heer und zwang dadurch das Königreich Sardinien-Piemont zur Niederlage. Am 24. April schloss er mit jenem Königreich einen Waffenstillstand, welchem am 18.Mai 1796 der Friede von Turin folgte. Da Napoleon nun den Hauptverbündeten Österreichs in Italien ausgeschaltet hatte konnte er sich gegen die österreichische Armee wenden. Binnen weniger Tage rückte er in der Lombardei bis kurz vor Mailand vor, wo er am 10.Mai 1796 in der Schlacht bei Lodi die Österreicher besiegte. Woraufhin sich die Österreicher in die norditalienische Festung Mantua zurückzogen. Jetzt war der Weg nach Mailand, der Hauptstadt der Lombardei, geöffnet. Doch die Österreicher wollten jene Stadt nicht ohne erneuten Widerstand an die Franzosen abtreten und stellten schon kurz darauf ein neues Heer unter dem Befehl von General Wurmser auf. Allerdings dauerte es bis dieses Heer nach Italien vorrücken konnte, da die benötigten Kräfte erst von der Oberrheinfront sowie aus dem Inneren Österreichs mobilisiert werden mussten. Napoleon hatte nicht mehr viel Zeit zu handeln. Doch sein Ziel war es, noch vor dem Eintreffen der Österreicher, den Kirchenstaat davon abzuhalten, sich mit den Österreichern zu verbünden. Im Sommer besiegte er nach einigen kleinen Gefechten nahezu die gesamte Armee des Kirchenstaates, eroberte unter anderem die Stadt Florenz. Aus diesen Gründen zögerte der Kirchenstaat nicht lange sich einen Waffenstillstand mit viel Geld und immensen Mengen an Kunstschätzen zu erkaufen. Inzwischen dauerte es nicht mehr lange, bis General Wurmser mit seinem Heer in Norditalien eintraf. Somit marschierte Napoleon in Richtung der österreichischen Festung Mantua und belagerte diese. Ende Juni allerdings traf General Wurmser bei Mantua ein und drängte die Franzosen zurück. Ihm gelang es sogar die Franzosen aus Mailand zu vertreiben und Mailand einzunehmen. Doch Wurmsers Glück hielt nicht lange, denn nach vielen unglücklichen Niederlagen musste auch er sich in die Festung Mantua zurückziehen. Nach sechsmonatiger französischer Belagerung und der Schlacht am 16. Januar 1797 fiel die Festung und wurde von Napoleon eingenommen. Österreich war in Italien von Napoleon geschlagen worden und besaß nicht mehr die Macht, ein neues Heer gegen Italien und Napoleon marschieren zu lassen, da jene Truppen an der Rheinfront benötigt wurden. Die italienische Nordfront war somit gesichert. Woraufhin Napoleon sich wieder in Richtung Süden zum Kirchenstaat bewegte. Der Kirchenstaat galt neben dem Heiligen Römischen Reich Deutscher Nation* als Zufluchtsort für Gegner der französischen Revolution.

Aus diesem Grund erhielt Napoleon im Februar 1797 den Befehl des Direktoriums in einem erneuten Feldzug gegen den Kirchenstaat jene Gegner aufzuspüren und zu verhaften. Während dieses Feldzuges eroberte Napoleon zahlreiche mittelitalienische Städte und legte im Vertrag von Tolentino mit dem Papst fest, dass alle, von ihm eroberten Städte unter französischer Herrschaft stehen. Zudem erließ er eine Sperrung aller Häfen für Frankreich feindliche gesinnte Schiffe und zwang den Kirchenstaat eine sehr große Menge an Gold und Kunstschätzen an Frankreich abzutreten.

Napoleon hatte es nun geschafft, ganz Nord- und Mittelitalien unter französische Herrschaft zu bringen und wollte diese Herrschaft jetzt festigen. Am 10.März 1797 begann er mit dem Feldzug direkt gegen Österreich. Ohne nennenswerte Gegenwehr marschierte Napoleon mit seinen Truppen bis in die heutige Steiermark in die Stadt Loeben ein. Die Österreicher waren machtlos sich gegen diesen Einmarsch zu wehren und sahen nun sogar die Hauptstadt Wien von Napoleon bedroht. Am 7.April akzeptierte der Kaiser des Heiligen Römischen Reiches Deutscher Nation Franz II. einen Waffenstillstand mit Frankreich.

Es kam nun zum Vorfrieden von Leoben. Österreichische und französische Gesandte stellten unter Anwesenheit von Napoleon jenen Vorfrieden aus, der besagte, dass Österreich sowohl auf das Herzogtum Mailand verzichte, als auch die Kriegshandlungen gegen Frankreich, die schon seit 1792 herrschten, einzustellen. Dieser Vorfrieden machte Napoleon zu einem der beliebtesten Menschen der Franzosen, denn er hatte es geschafft, den Krieg zwischen Österreich und Frankreich zu beenden und er führte zudem dazu, dass das **monarchistische Österreich** von der **Republik Frankreich** geschlagen wurde.

Auf diesen Vorfrieden folgte erst im Oktober der Frieden von Campo Formino, einem Feld in Norditalien. Erst dieser Frieden bekräftigte den Vorfrieden von Leoben. Bei den Friedensverhandlungen - anwesend waren zum einen Napoleon als Gesandter Frankreichs und zum anderen Franz II.- Österreich wurde klar gemacht, dass sie jenen Krieg verloren hatten und bekamen dies zu spüren. Sie mussten unter anderen auf die österreichischen Niederlande, das heutige Belgien, verzichten und die Neugestaltung Norditaliens nach französischem Vorbild hinnehmen. Zudem wurde der Rhein in einem geheimen Zusatzprotokoll als neue Ostgrenze Frankreichs festgelegt. Frankreich gewährte den Österreichern dafür die Unabhängigkeit der neu entstanden Cisalpinischen Republik und überließ ihnen die Stadt Venedig mit all ihren von ihr abhängigen Regionen.

IV. Auswirkungen des Italienfeldzuges von 1796-1797

Italien war eines der Länder, welches am stärksten von den Auswirkungen der Napoleonischen Kriege und der Besatzung durch Napoleon betroffen war. Die Gesellschaft Italiens war vor Beginn der Besatzung durch Napoleon eine sehr arme und rückständige. Die Herrschaft der Franzosen wurde daher auch nicht als bösartige Fremdenherrschaft angesehen, sondern viel eher als Chance wie ihr Besatzer Frankreich, ein einiges Land zu werden.

Daher wurden sogar etliche Prinzipien der französischen Revolution zum Vorbild für die italienische Einheitsbestrebung im 19.Jahrhundert der so genannten *Risorgimento*.

Die Eroberung Italiens beendete das alte System der italienischen Kleinstaaten.

Napoleon vereinfachte die italienische Landkarte wesentlich indem er größere und zugleich konstitutionell fortgeschrittene Staaten mit bürgerlicher Rechtsordnung schuf.

Im Norden Italiens wurde bereist schon im Oktober 1796 die Cispandische Republik, die die Städte Modena, Reggio, Bolonga und Ferrar und deren Umalnd umfasste, nach frnzösischen Bestreben gegründet. Die Cispandische Republik wurde jedoch schon im Jahre 1797 in die neu gegründeten Cisalpinische Republik übergeführt und zudem wurde die Ligurische Republik gegründet. Erstere umfasste die Lombardei, Modena und die Emilia Romagna, letztere Genua und Ligurien. Beide wurden Satellitenstaaten Frankreichs nach französischem Vorbild. Im Süden wurde im Jahre 1798 der Kirchenstaat zur Römischen Republik ausgerufen und im Januar 1799 die Parthenopäische Republik oder Neapolitanische Republik mit der Hauptstadt Neapel geschaffen. Doch die Parthenopäische Republik war eine der neu gegründeten Republiken, in denen die französischen Machthaber mit heftigem Widerstand seitens der Bevölkerung und neapolitanischen Patrioten zu kämpfen hatten. So kam es auch, dass die Republik schon ein Jahr nach ihrer Gründung wieder zerbrach und in Neapel wurde nach kurzen Kampfhandlungen wieder die Monarchie ausgerufen. Nach weiteren kriegerischen Auseinandersetzungen seitens französischer Truppen unter Napoleon und österreichischer Truppen unter Kaiser Franz II. erlitten die Österreicher eine schwere Niederlage und es wurde der Friede von Luneville am 9.2.1801 unterzeichnet, welcher die napoleonische Ordnung Italiens wiederherstelle und sogar verstärkte. Durch den Frieden von Pressburg am 26.12.1805, nach der Dreikaiserschlacht bei Austerlitz und dem Ende des dritten Koalitionskriegs, wo Napoleon als glorreicher Sieger hervorging, wurde das zuvor österreichische Venetien zum Königreich Italien ausgerufen, dessen

Krone Napoleon selbst an sich nahm. Die Cisalpinische Republik wurde wieder gegründet und anschließend im Jahre 1805 dem Königreich Italien untergeordnet. Sogar im Süden konnte das aufsässige und revoltierende Neapel erobert und zum Königreich unter französischer Herrschaft ausgerufen werden, welches zunächst unter Napoleons Bruder Joseph und dann unter der Herrschaft seines Schwiegersohns Joachim Murat stand. Alle anderen Regionen Italiens wurden der direkten oder indirekten Herrschaft Frankreichs unterworfen. Während im Norden die Reformen im Sinne einer Modernisierung der Gesellschaft zügig umgesetzt wurden, scheiterte dieses trotz intensiver Bemühungen im Königreich Neapel. Hier gelang es nicht, das bürgerliche Recht durchzusetzen, feudale Abhängigkeitsverhältnisse konnten sich halten und untergruben somit die Herrschaft Murats. Bereits im Jahre 1808 deutete sich ein Problem an, welches bis heute in Italien eine wichtige Rolle spielt, der Modernisierungsrückstand des Südens gegenüber dem Norden. Durch die Niederlage Napoleons und den darauf folgenden Rückzug aus Russland begann auch der Niedergang des französischen Herrschaftssystems in Italien. Am 11.4.1814 verzichtete Napoleon auf die Krone des Königreichs Italien. Nach der Völkerschlacht bei Leipzig und der Verbannung Napoleons auf die Mittelmeer Insel Elba erhielt Österreich auf dem Wiener Kongress die Lombardei und Venetien zurück. Zudem kam auch die Toskana unter österreichische Herrschaft. Piemont-Sardinien wurde um Genua und Ligurien vergrößert und der Kirchenstaat wurde wiederhergestellt. Allerdings blieben die Regierungen Parmas und die der Toskana reformistisch, ganz im Gegensatz zu denen in Piemont-Sardinien sowie im Kirchenstaat, denn hier wurden alle französischen Erneuerungen umgehend durch österreichische Anordnung abgeschafft. Auch wenn damit wesentliche Teile der französischen Errungenschaften zumindest kurzzeitig wieder rückgängig gemacht wurden, wirkten die durch die napoleonische Herrschaft in Italien geschaffenen modernen Strukturen nachhaltig. Aus ihnen speiste sich die italienische Nationalbewegung, die damit in Opposition zur österreichischen Herrschaft trat. Die großbürgerlich-adelige Oberschicht des Nordens wurde zum Träger der nationalen Einheitsbewegung. Die bürgerliche Revolution war auch in Italien im Wesentlichen von Napoleon vermittelt und vorbereitet worden. Das republikanische Frankreich wurde zum Vorbild für die italienische Einheitsbewegung und Nationsbildung

V. Literatur- und Quellenverzeichnis

Sekundärliteratur

Dr. Hans-Jürgen Pandel und Prof. Dr. Joachim Rohlfes: *Vom Acién Regime zur modernen Welt, Tempora*, Ernst Klett Schulbuchverlag, Stuttgart 1990

Klaus Dieter Hein-Mooren: *Französische Revolution, Buchners Kolleg. Themen Geschichte*, CC. Buchners Verlag, Bamberg 2009

Volker Ullreich: *Napoleon*, Rowohlt, Reinbeck 2006

Michael Broers: *The Napoleonic empire in Italy, 1796–1814*, Palgrave Macmillan, Basingstoke 2005

Franz Herre: *Joséphine. Kaiserin an Napoleons Seite*, Pustet, Regensburg 2003

Friedrich Sieburg: *Gespräche mit Napoleon*, dtv, München 1962

Prof. Dr. Bernd Sösemann: *Grundriss der Geschichte, Tempora Band 2*, Ernst Klett Schulbuchverlag, Stuttgart 1992

Internetquellen

http://www.fiskalvorpost.de/moreu6j7.html

http://www.jonas-hinz.de/napo.htm

http://www.planet-wissen.de/politik_geschichte/persoenlichkeiten/napoleon/index.jsp

www.gratus-historia.de/printable/napoleon/italienfeldzug1796/index.html

http://www.line-of-battle.de/detail_lexikon.php?id=101

Sonstige Quellen

Die Deutschen: Folge 7: Napoleon und die Deutschen, Video, ZDF-Produktion, 2008

Sandra Gulland: *Josephine und Napoleon*, Roman, Wolfgang Krüger Verlag, Frankfurt am Main, 2000